Grand Palais
23 novembre 1976 – 14 février 1977

Serizawa

En couverture:
Attente des *aka-e*
Cat. 233

Cette exposition a été organisée par la Réunion des musées nationaux,
avec la collaboration de la Fondation du Japon,
le concours des services techniques du Musée du Louvre
et des galeries nationales du Grand Palais

ISBN 2.7118.0057.1

Secrétariat d'Etat à la Culture

m

Editions des musées nationaux

Commissaire général:

Jean Leymarie
Conservateur en chef des Musées

Conservateur en chef des galeries nationales d'exposition du Grand Palais:
Reynold Arnould

Introduction

Jean Leymarie
Conservateur en chef des musées

Mon premier séjour au Japon remonte à vingt ans mais c'est seulement au cours de voyages récents que j'ai pu rencontrer Serizawa, découvrir son œuvre et souhaiter la voir présenter à Paris. Balthus et sa femme Setsuko, qui vouent à ce maître japonais une entière vénération et à qui l'exposition doit beaucoup, m'avaient montré quelques exemples précieux de ses livres et tissus et conseillé vivement de lui rendre visite, ce que je fis au printemps 1972.

Après m'avoir conduit, sur les collines autour de Kyôto, vers les cerisiers en fleurs, dont c'était le moment, aux heures et aux lieux qu'il fallait, Jean-Pierre Hauchecorne, guide aussi sûr que chaleureux de son pays d'adoption, m'entraîna jusqu'à la ville de Kurashiki, que je ne connaissais pas encore. Le vieux quartier désormais protégé, le long du pittoresque canal, où les voitures n'accèdent plus, garde son charme intact et forme un ensemble monumental exceptionnel. Un circuit de musées richement dotés et aménagés avec goût par la famille de collectionneurs et mécènes Ohara propose une sélection remarquable des arts indigènes et des arts exotiques. Dans le pavillon national, près de celle de son ami le potier Hamada, je vis avec enchantement la salle réservée à Serizawa, où se déploient les fameux kimonos. Son triomphe dans ce domaine tient à son génie de la couleur et de l'ornementation, à son sens tactile et visuel des étoffes, à l'excellence d'un métier dont il pratique lui-même toutes les opérations selon les rites ancestraux. Il restitue au vêtement, dont la magie féminine est indissociable et qui partout se dénature aujourd'hui, sa vertu cérémonielle et sa splendeur perdue. «Quel poète, demande Baudelaire, oserait, dans la peinture du plaisir causé par l'apparition d'une beauté, séparer la femme de son costume?» Un peu plus loin, autour du musée des arts populaires magnifiquement installé selon ses plans dans un ancien grenier à riz, et d'un délicieux musée des jouets renaissent des traditions artisanales qui se développent sous son égide. A Osaka, où je m'arrêtais, se tenait une petite exposition de ses peintures et dessins, qui me révéla ses dons intrinsèques et le foyer germinateur de son œuvre.

De retour à Tôkyô, j'étais donc un peu préparé quand je fus reçu dans sa belle et simple demeure avec une courtoisie suprême. Silencieux mais frémissant parmi les objets créés de ses mains ou réunis par ses soins avec un goût absolu, l'homme répondait à l'attente que suscitait en moi l'artiste et par sa modestie, sa noblesse, son rayonnement, me sembla de la même espèce, au-delà des continents, que certains de nos peintres, pénétrés de sagesse orientale, que l'on pouvait le mieux aimer dans leur personne et dans leur art, Braque, Bonnard, Morandi ou bien le sculpteur Laurens. Il me laissa toucher les étoffes et les céramiques, dont la qualité s'éprouve au contact de la paume, regarder les carnets d'esquisses où jaillit et se condense son inspiration. Deux mois plus tard Serizawa vint à Paris. L'accompagnant dans une de ses promenades à travers la ville, j'observais son regard toujours en alerte, ses réactions imprévues, ses facultés d'attention. J'envisageais une présentation de son œuvre à l'ancien Musée national d'art moderne, dont j'étais alors conservateur, et il étudia longuement la salle proposée. Ce projet le toucha beaucoup, car il préférait se voir accueillir parmi les artistes contemporains de tous pays que d'être consacré comme gloire japonaise à souche traditionnelle dans un musée spécialisé, Guimet ou Cernuschi. Si par suite des circonstances la manifestation retardée s'est transférée au Grand Palais, sa signification reste la même. En avril 1973 je retournai au Japon pour visiter, en prévision de celle de Paris, l'exposition d'Osaka, la plus complète jusqu'alors sur son œuvre et sur sa personnalité.

Au lieu de suivre la voie brillante et fallacieuse d'artiste-peintre à la manière occidentale, dont il avait aussi reçu la formation, Serizawa s'est engagé de son être entier vers la droiture morale et la perfection manuelle d'artisan-décorateur. Notre collègue Imaizumi rappelle judicieusement dans sa dense et forte préface ce que représente au Japon le courant essentiel de la *décoration*, nullement inférieur au courant libre de l'*expression* et combien l'art de Serizawa se fonde sur cette racine vitale. Avec ses camarades Hamada et Kawaï, potiers, Munakata, graveur, dont l'œuvre a été montrée à Paris, Serizawa est l'un des membres initiaux du mouvement pour le renouveau de l'art populaire, *Mingei*, animé par le théoricien et pionnier Sôetsu Yanagi (1889-1961), en qui s'unissaient au plus haut point la pensée du philosophe, la foi de l'apôtre et le goût du connaisseur. Il a eu sur les quatre artistes majeurs que nous venons de nommer une influence déterminante et sa collection personnelle est le noyau du splendide musée d'art populaire à Tôkyô. Serizawa fit avec lui de nombreux voyages de prospection et de collecte à travers l'archipel nippon. Déjà reconnus par le bouddhisme Zen et les maîtres exigeants de la cérémonie du thé qui choisirent comme coupes les plus pures les anciens bols à riz des paysans coréens, les objets artisanaux du peuple à usage quotidien et de caractère anonyme recèlent souvent en leur simplicité foncière, leur fraîcheur naïve ou leur raffinement sans apprêt une perfection plus émouvante que celle des œuvres illustres de destination aristocratique. Il existe un mot japonais, *shibusa*, pour désigner, avec sa résonance habituelle, ce type de beauté suprême et modeste. Il convient à l'art de Serizawa, qui réussit le miracle de s'identifier à l'âme profonde du *Mingei*, détruite ou corrompue par l'ère industrielle, en s'affirmant en même temps comme l'un des créateurs les plus originaux et les plus féconds de notre époque. Plus que les dons du génie, il y faut une *grâce* véritable dont il n'est guère d'autre exemple.

A la différence des grands artisans de sa génération limités à un seul métier et à son approfondissement, poterie, laque, gravure, etc., Serizawa n'a cessé d'élargir avec une entière maîtrise le champ de ses activités. Son domaine essentiel, qui l'a fait désigner comme trésor national vivant, reste la teinture, sous sa forme la plus simple et la plus stricte, c'est-à-dire la teinture au pochoir. Tissage et teinture ont partout en Asie, surtout dans les régions insulaires du Sud-Est, carrefours d'échange et de cristallisation des expériences décoratives, contrées où les redevances s'acquittaient en textiles plutôt qu'en vivres, d'anciennes et hautes traditions. Celles-ci reposaient sur la qualité des étoffes, rustiques ou précieuses, la souplesse des métiers à organes de bois, la gamme splendide des colorants végétaux, la minutie et la dextérité dans l'ajourement des pochoirs. Chaque région, chaque localité même avait ses secrets artisanaux et, pour les ornements, ses recueils de modèles. Serizawa s'est surtout inspiré de la teinture aux couleurs vives *(bingata)* particulière aux îles Okinawa, où il a fait plusieurs séjours, dont les motifs éclatants de fleurs, d'oiseaux, de paysages reflètent l'ambiance méridionale et la beauté du pays aux anciens mœurs et usages longtemps préservés.

Le kimono classique, à coupe et dimensions uniformes, ne se différencie que par la nature de l'étoffe et de son décor sur la surface entière. Joue en contrepoint la fantaisie de l'*obi*, la ceinture aux nœuds exubérants qui maintient sa taille croisée. Fils d'un marchand de tissus pour kimonos, Serizawa dès l'enfance a subi la fascination des textiles, avant l'industrialisation et l'occidentalisation de la mode. Il réalise non seulement des vêtements où se fixent la puissance ancienne de la teinture et l'originalité moderne de son style mais aussi toutes les variétés de tissus d'usage et d'ornement égayant de leur charme et fraîcheur l'espace domestique. Il ranime la peinture décorative en créant à sa façon des paravents, des tentures murales, des rideaux de séparation ou ces rouleaux verticaux *(kakemonos)* que l'on suspend sur le mur du *tokonoma*, l'alcôve-sanctuaire de la maison. Il pratique encore avec un égal bonheur la peinture populaire sur verre ou la céramique à décor brillant et raffiné (porcelaines *aka-e*).

En transférant sur papier ses procédés personnels de teinture et d'impression sur tissus, en inventant une sorte d'estampe par la teinture, il a ouvert à ses dons souverains d'imagier le domaine infini des livres et revues illustrés dont il compose aussi la couverture, la reliure et l'étui. Ses nombreux chefs-d'œuvre, exécutés dans un esprit tantôt *à la japonaise*, tantôt *à la moderne* révèlent une connaissance aussi vaste de la psychologie humaine que des règnes et phénomènes naturels. Le pochoir, par ses contraintes, exige la pureté du dessin, la franchise agreste ou solaire de la couleur. Outre ses vertus manuelles et morales d'artisan, Serizawa possède une imagination créatrice comparable en étendue et en saveur à celle de Klee. Il assume l'héritage autochtone en puisant à d'autres sources multiples, chinoises, arabes, sanskrites, océaniennes, auxquelles il imprime l'unité de son rythme et la justesse de sa vision non exempte d'humour. Son répertoire prodigieux de motifs avec ses effets d'alternance et de répétition et où la valeur symbolique s'unit toujours à la valeur artistique emprunte aux mille formes de la nature, aux travaux et métiers, au système abstrait des idéogrammes, syllabaires et géométries.

Au moment où l'on éprouve les effets de la scission malencontreuse entre les beaux-arts et les arts appliqués, où l'on tente de redonner vie à l'artisanat, cette manifestation insigne et du registre le plus varié devrait être une joie pour les amateurs et un exemple stimulant pour les créateurs. Serizawa nous rappelle en effet que l'art n'est pas cette fonction spécialisée ou privilégiée à laquelle il se réduit ou se complaît, mais le souffle même de la vie inspirant tout ce qui touche à l'homme et réglant son harmonie.

Cette exposition, est le résultat d'une heureuse coopération entre la Réunion des musées nationaux, et la Fondation du Japon présidée par M. Hedemi Kohn. Elle n'aurait pu se faire sans le concours total, à tous les niveaux, y compris celui de la présentation, du Maître lui-même et de son gendre, M. Takashi Yotsumoto. Pour l'adaptation parfois délicate du catalogue en français, nous avons bénéficié des conseils de nos collègues du Musée Guimet, Mme Michèle Pirazzoli-t'Serstevens et Mlle Madeleine Paul-David, ainsi que de l'aide de Mlle Antoinette Hauchecorne, bibliothécaire.

Message

Hidemi Kohn
Président de la Fondation du Japon

Nul art n'est comparable à celui du Maître Keisuke Serizawa qui a poursuivi et poursuit encore une des créations les plus subtiles et les plus hardies dans le domaine des formes et des figures japonaises.

On peut souvent considérer ses œuvres comme des teintures au pochoir, surtout celles inspirées par le *bingata* d'Okinawa, un des arts populaires japonais. Mais en nous familiarisant davantage avec chaque objet, nous ne laissons pas d'être étonnés par la richesse des moyens et la vigueur des images qui traversent toute son œuvre. Les ouvrages, auxquels les mains expertes de Maître Serizawa ont donné le jour — kimonos, rideaux, reliures décorées, boîtes d'allumettes, etc. — touchent directement notre sensibilité par leur charme traditionnel et leur fraîcheur d'expression.

Profondément marquées par le renouveau de l'art populaire dont Maître Sôetsu Yanagi était le protagoniste, les réalisations de l'artiste nous rappellent la sûreté des travaux manuels qui sont intimement liés à la vie de tous les jours. Ils représentent ainsi, d'une part, un travail artisanal d'un accès facile pour nous, et d'autre part, une œuvre d'art hors pair, dans laquelle l'originalité créatrice se marie heureusement avec la tradition la plus ancestrale.

Le Maître s'applique avec la même ardeur à la présentation des objets qu'aux œuvres elles-mêmes. Aussi tient-il à un des éléments fondamentaux de la composition, à savoir la façon de disposer les objets dans l'étalage.

Je souhaiterais sincèrement qu'à l'occasion de cette exposition le public français puisse non seulement apprécier un état donné de la culture japonaise, mais encore graver pour toujours dans sa mémoire les ressorts cachés de l'esthétique nourrie dans la civilisation japonaise.

C'est pour moi un grand plaisir d'exprimer ma vive gratitude aux experts français qui ont concouru au succès de cette entreprise, ainsi qu'aux autorités dont l'appui bienveillant nous a été largement prodigué.

L'art de Keisuke Serizawa

Atsuo Imaizumi
Ancien directeur du musée national
d'art moderne de Kyôto

Le nom de Keizuke Serizawa est surtout connu dans les milieux artistiques du Japon comme maître de teinture et c'est à ce titre également que l'Etat l'a désigné comme *«trésor national vivant»*. Cependant malgré cette réputation, ses activités ne se limitent pas au seul domaine de la teinture: il crée des œuvres picturales d'un style personnel, modèle des poteries d'un goût exquis, réalise des reliures remarquables, et se livre aux travaux décoratifs d'une grande valeur esthétique. Serizawa est un de ces artistes authentiquement polyvalents qui manifestent une grande activité dans des domaines extrêmement étendus, comme on en voit quelques exemples dans l'histoire de l'art japonais.

Dès la fin du XVIe siècle, le Japon connut un artiste de ce type: Koetsu Honami (1558-1637). De sa profession, Koetsu fut aiguiseur de sabre et en exerçait l'expertise. Mais il manifestait un grand talent dans de nombreux autres domaines: peinture, poterie, laque... C'est de ce point de vue qu'on peut rapprocher, au-delà du décalage temporel, Koetsu et Serizawa. Si le premier chercha des attaches dans la société des commerçants, qui s'était formée alors indépendamment de la société des samouraïs dans le cadre d'un régime féodal, Serizawa est intimement lié à la vie populaire et quotidienne d'aujourd'hui. Il ne faut cependant pas laisser passer la différence essentielle de leur art: l'art de Koetsu tout en ayant un «pied à terre» chez les riches marchands de l'époque, s'exprimait dans un style de tendance aristocratique qui se reliait au style de l'art de la cour impériale japonaise du XIe et du XIIe siècles, alors que l'art de Serizawa vise constamment à se rattacher à la vie populaire. Sur ce plan également, l'art de Serizawa est moderne, au sens plein de ce terme.

Nous voudrions noter ici que les activités artistiques multiformes de Koetsu ou de Serizawa sont sensiblement différentes en leur nature de celles des artistes de la Renaissance européenne qui étaient de caractère global. Alors que ces derniers excellaient tantôt en peinture, tantôt en sculpture ou en architecture en y manifestant le talent propre à chacun de ces arts, les deux Japonais réalisent différentes œuvres avec techniques et arts divergents mais qui ne sont chez eux que des sortes de variations nées d'une seule et même racine. Cette racine c'est le principe de «décoration» qui a toujours été dans la profondeur du courant des traditions de l'expression artistique japonaise. Nous conférons à ce mot «décoration» une nuance légèrement différente de celle qu'on en retient normalement.

A travers l'histoire de l'art japonais, l'expression décorative dans l'art décoratif n'a jamais été considérée comme inférieure à toute valeur expressive de la peinture ou de la sculpture. Si c'est ainsi c'est parce que l'expression décorative est considérée comme une attitude d'expression esthétique aussi importante et même plus importante que l'expression réaliste de la peinture ou de la sculpture. Nous pensons que c'est là un fait qui doit être compris comme une importante racine cachée dans toutes les expressions artistiques japonaises, quoiqu'il s'agisse d'une question très délicate à traiter. C'est une autre racine de l'expression artistique japonaise qui provoque une émotion spirituelle profonde et riche qui ne se borne pas à une simple impression sensible et qui est différente de ce que révèle une expression réaliste.

On peut considérer que l'attitude expressive de l'art de Serizawa part de cette racine. Certes, on ne peut pas nier qu'il existe, tant dans les objets d'art décoratifs que dans la peinture japonaise, nombre d'œuvres dont les expressions décoratives ne montrent qu'un sens routinier et extrêmement médiocre. Mais dans le cas de l'art de Serizawa on peut dire qu'il exprime, dans la société contemporaine japonaise, cette racine avec sa signification essentielle présentée avec une fraîcheur inégalée. A ce propos on pourrait citer une preuve: les motifs et les dessins des œuvres de teinture de Serizawa ne sont jamais des copies de ceux qui existent dans les traditions japonaises. Il commence par dessiner la nature ou les objets façonnés qui provoquent une émotion chez lui et ensuite il en réalise des œuvres picturales. C'est à partir de ces dessins qu'il compose de nouveaux motifs en recourant à une technique qui lui est propre. Même au Japon peu d'artistes décorateurs ont cette attitude. Dans l'histoire de l'art décoratif japonais, un grand nombre de motifs décoratifs de grande valeur avaient été produits mais depuis il n'y a eu presque aucun autre motif nouveau qui ait pu se fixer dans la tradition. Il y a à peine deux ou trois artistes de qualité dont Serizawa qui aient su créer de nouveaux motifs personnels qui pourraient éventuellement constituer une des traditions de l'art décoratif pour l'avenir. Parmi ces artistes, Serizawa est sans doute celui qui obtient les meilleurs résultats. C'est un artiste extrêmement doué et c'est au gré de ses désirs qu'il s'adonne tantôt à l'une tantôt à l'autre des formes d'expression artistique. Cependant, le centre de ses activités expressives reste incontestablement la teinture. Ses œuvres ont recours à la technique la plus simple parmi tous les procédés de teinture appelés teinture au pochoir. C'est là un procédé millénaire transmis dans la région de l'Asie de l'Est: les dessins sont gravés sur une feuille de carton à l'aide d'un ciseau ce qui fait une sorte de modèle ajouré; on place ce modèle sur un tissu et on ponce. Cette technique existait depuis longtemps au Japon et en particulier vers le XVIIᵉ et le XVIIIᵉ siècles, on assista à la production d'œuvres d'une très grande variété. Cependant cette prospérité provoqua aussi une certaine détérioration de la qualité: l'effet expressif simple se perdait. La teinture *bingata* d'Okinawa est un des rares exemples qui aient su conserver cette simplicité jusqu'à nos jours. Serizawa découvrit la *bingata* vers 1928 alors qu'il était encore assez jeune. C'est à partir de 1938 qu'il commence à se rendre à Okinawa pour y apprendre la technique dont il retiendra la qualité pour créer sa propre technique. C'est ainsi que le gouvernement japonais l'a désigné «trésor national vivant» dans le domaine de la teinture. Il est à noter toutefois que la *bingata* de nos jours perd de plus sa qualité pour tomber en décadence. Grâce à Serizawa cette tradition remarquable ne se perdra pas. Elle sera retransmise correctement pour connaître un nouveau développement.

Il va sans dire que dans les œuvres d'art décoratif, plus elles sont de technique simple, plus il est difficile de les doter de nuance délicate d'expression. Dans ce sens, Serizawa s'est attaqué à l'expression la plus difficile malgré la simplicité de sa forme. Et dans cette difficulté, cet artiste ne se plie pas à la tentation de virtuosité comme les artistes de la Renaissance. Bien au contraire, il arrive à exprimer une noblesse inégalable en contraignant cette virtuosité. Nous pensons que c'est là une importante caractéristique de toutes les expressions chez Serizawa dépassant le simple cadre de la teinture.

Serizawa a réalisé de nombreuses œuvres picturales par la technique de découpage du papier. C'est aussi un art qu'il a mis au point lui-même: il découpe des formes avec un ciseau sur une feuille du papier japonais et il les utilise pour faire une sorte d'image à silhouettes à laquelle il ajoute quelques couleurs. Dans cette technique aussi, les résultats manquent souvent du mouvement qui peut être plus facilement exprimé à l'aide du pinceau. Mais c'est justement ce manque de mouvement libre qui fait épanouir cette beauté profonde et personnelle qui refuse toute virtuosité. On y sent immanquablement l'honnêteté et la modestie qui ont quelque chose de commun avec la qualité de travail des artisans du Moyen Age. Sôetsu Yanagi, prédécesseur et ami de Keisuke Serizawa a dit naguère en faisant l'éloge des œuvres de celui-ci qu'elles manifestaient l'esprit de modestie et de modération qui disparaît de plus en plus chez les artisans de nos jours. Je ne connais nul autre propos qui soit plus fidèle à ce qu'est véritablement l'œuvre de Serizawa.

Planche I

Kimono de soie (détail)
Four à potier de Naeshirogawa
Cat. 5

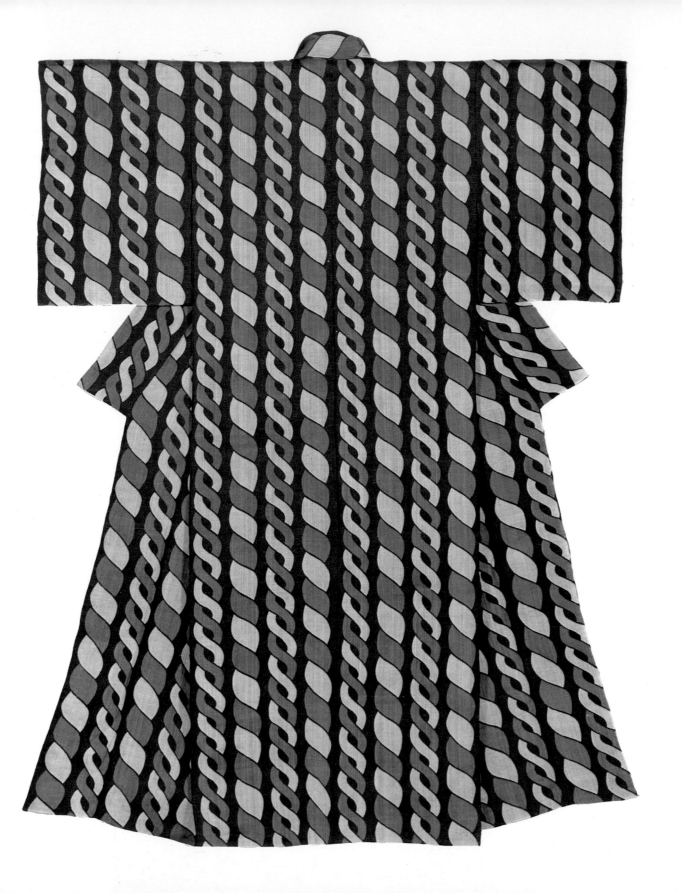

Planche II

Kimono en tissu d'abaca
Cordes tressées
Cat. 24

Planche III

Kimono d'intérieur
Eventails et chapeaux de paille
Cat. 10

Planche IV

Kakemono
Nirvâna
Cat. 128

Planche V

Paravent (détail)
Armoiries et lettres
du Syllabaire japonais
Cat. 28

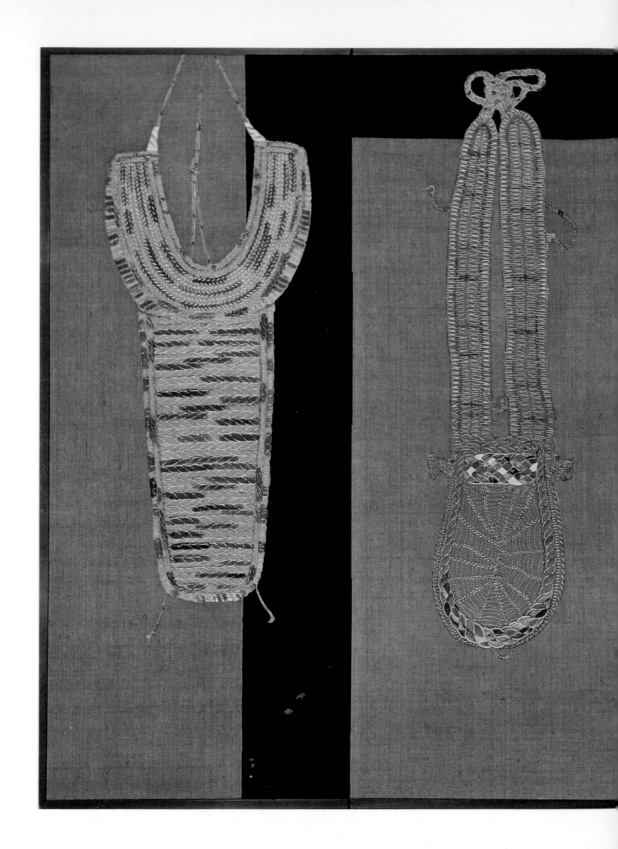

Planches VI-VII
Paravent
Vêtements de travail
Cat. 30

Planche VIII

Kakemono
Statue de Kannon
Cat. 129

Planche IX

Panneau à décor teint
Motifs géométriques
Cat. 116

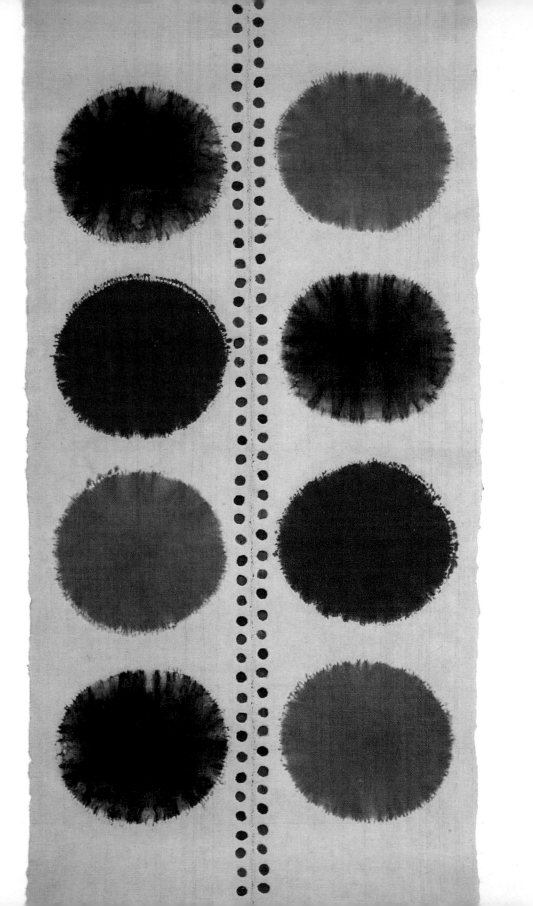

Planche X

Tissus décoratif
Pois rouges et bleus
Cat. 75

Planche XI

Kakemono
Four de Mashiko
Cat. 122

Planche XII

Paravent
Idéogrammes
des saisons
Cat. 35

Catalogue

Adapté par Jean Leymarie

Kimonos

Le *kimono*, dont le nom signifie littéralement: «ce que l'on porte sur soi» est le costume traditionnel et comme l'emblème du Japon. Il est bâti de sept pièces taillées à pans droits dans des tissus (soie, lin, chanvre, coton, abaca, etc.) aux mesures fixes (12 m de long sur 36 cm de large). Il apparaît sous sa forme primitive à l'époque de Nara et c'est une veste ou tunique à manches étroites que l'on endosse sur une sorte de pantalon bouffant *(hakama)*. Les dames de l'aristocratie à la période Heian abandonnent le pantalon et portent une épaisseur de douze vêtements superposés dont les couleurs différentes et l'ornementation par compartimentage géométrique devaient s'harmoniser selon des règles strictes. Après une simplification radicale et par suite d'un mode de vie plus active les femmes de guerriers de l'époque Kamakura ne conservent plus que le vêtement de dessous ou *kusode* (petites manches) dont dérive le kimono sous sa forme classique. Sa surface entière se prête alors à un décor riche et varié peint directement ou appliqué par impression.

Serizawa s'est beaucoup inspiré des techniques de tissage et de teinture des îles Okinawa mais a su créer des kimonos d'un genre absolument personnel. Il se soumet moins aux formes réglementaires ou à l'usage pratique qu'aux nécessités décoratives, cherchant surtout à fixer l'âme de la teinture et la beauté simple et robuste de ses motifs, avec leurs effets d'alternance et de répétition.

1   Kimono en crêpe de soie
     Village de papeterie à Ogawa
     1943
     160,7 × 134 cm
     Commission pour la protection des
     biens culturels

Le Japon est réputé entre tous les pays d'Asie pour la pureté de l'eau. Il y a partout de belles rivières et l'eau froide de l'hiver convient particulièrement au rinçage et au blanchiment des fibres de bois pour le papier. L'artiste a souvent visité les villages spécialisés dans la fabrication du papier et en a tiré des dessins stylisés. Il s'agit ici du village d'Ogawa, qui se trouve à une centaine de kilomètres de Tôkyô, dans la préfecture de Saïtama.

2   Kimono en pièces de couleurs
     différentes
     Feuilles de bambou
     1949
     163 × 134 cm
     Osaka, musée d'art populaire japonais

3   Kimono de soie à fond ocre-vermillon
     Idéogrammes stylisés du syllabaire
     japonais
     1954
     150 × 132 cm
     Collection particulière

Le syllabaire japonais comporte deux types de transcription, l'une en écriture cursive *(hiragana)*, l'autre en écriture angulaire *(katakana)*.

4   Kimono de coton à fond écru
     Paysages d'Okinawa
     1954
     152,3 × 128 cm
     Kurashiki, musée Ohara

Serizawa a fait plusieurs séjours aux îles Okinawa, à l'extrême sud de l'archipel nippon. Par leur position géographique ces îles ont servi d'intermédiaire entre les pays insulaires du Sud-Est asiatique, de voie de transmission pour les arts décoratifs et pour les arts populaires. Serizawa a vécu parmi les habitants, observé leur vie quotidienne et leurs traditions. Il a été vivement touché par la beauté du paysage et de l'architecture (les maisons en pierre et les tombeaux) et surtout par celle des objets d'art populaire, textiles et poteries, qu'il a collectionnés et étudiés. Il s'est inspiré des techniques locales de tissage et de teinture *(bingata)*.

5   Kimono de soie
     Fours à potier de Naeshirogawa
     1955 (planche I)
     167,5 × 122 cm
     Commission pour la protection des
     biens culturels

Les fours de Naeshirogawa, village à l'extrême pointe méridionale de l'île de Kyûshû, près de Kagoshima, ont été fondés par des potiers coréens transplantés. On reconnaît, parmi les bâtiments, les fours eux-mêmes, en largeur, les maisons à toits de chaume pour le logement des ouvriers et les petites resserres pour la terre et pour les poteries.

6   Kimono en lin fin à fond jaune
     Village de Yagumo et idéogrammes
     japonais stylisés
     1955
     151 × 118 cm
     Collection particulière

7   Kimono d'intérieur *(heyagi)* en coton
     à fond écru
     Instruments de pêche
     1958
     108 × 139 cm

     Commission pour la protection des
     biens culturels

     En 1957, Serizawa a loué une ferme
     et ouvert un atelier au bord de la mer,
     près de Kamakura. Durant ses
     promenades sur la plage il a dessiné
     les bateaux de pêche et leurs
     instruments: ancres, cordes, filets,
     bouées en verre, harpons.

8   Kimono d'intérieur *(heyagi)* en lin fin
     à fond pourpre
     Fleurs et plantes
     1959
     112 × 130 cm
     Kurashiki, musée Ohara

9   Kimono en tissu d'abaca à fond écru
     Séchage des tissus teints
     1959
     143,5 × 126 cm
     Tôkyô, musée d'art populaire japonais

     Les tissus teints sont lavés dans l'eau
     des rivières pour fixer les couleurs et
     séchés ensuite sur des tiges de bambou.
     Ils flottent dans l'air et se profilent
     librement sur le ciel en laissant jouer
     sur eux les effets d'ombres et de
     lumières.

10   Kimono d'intérieur *(heyagi)* à fond
     jaune clair
     Eventails et chapeaux de paille

1960 (planche III)
135 × 132 cm
Kyôto, musée national d'art moderne

Pour s'abriter d'un vent très fort, les
maisons d'Okinawa sont entourées
de bananiers. Les bananiers servent à
fabriquer les tissus d'*abaca* et leur
écorce bouillie donne une magnifique
teinture jaune. Les éventails et
chapeaux sont faits avec les feuilles
d'un autre arbre du pays appelé *kuba*.

11   Kimono en pongé
     Grains et veines de bois
     1960
     151 × 130 cm
     Kyôto, musée national des beaux-arts

12   Kimono en tissu d'abaca
     Décor de poteries
     1961
     135 × 126 cm
     Kyôto, musée national d'art moderne

     Ce motif audacieux et d'une exécution
     difficile évoque à la fois le costume
     de nô porté sur scène par un acteur
     en mouvement et le décor obtenu par
     jet sur certaines poteries et qu'on
     nomme en japonais *kamedare*.

13   Kimono d'intérieur *(heyagi)* à fond bleu
     Dorades nageant
     1964
     111,2 × 123 cm
     Collection particulière

     La dorade au Japon est un poisson de
     luxe, réservé pour les fêtes, et un
     symbole de bonheur. Grandes et petites
     dorades en train de nager, avec leurs
     écailles géométriques et leurs reflets
     lumineux, composent un superbe motif
     décoratif.

14   Kimono en crêpe de soie à fond rouge
     Dorades
     1964
     157 × 134 cm
     Kyôto, musée national d'art moderne

15   Kimono en tissu d'abaca à fond écru
     Feuilles de bananiers
     1964
     142,8 × 128 cm
     Collection particulière

16   Kimono en crêpe de soie à fond bleu
     Montagnes sur montagnes
     1965
     165,5 × 123 cm
     Collection particulière

     Capitale des guerriers du Moyen Age,
     Kamakura est une ville difficile à
     assiéger, car elle donne d'un côté sur
     la mer et elle est cernée de montagnes
     sur tous les autres côtés. Tel qu'on
     le voit de la mer, c'est le spectacle
     de chaînes en mamelons que Serizawa
     représente ici.

17   Kimono d'intérieur en lin fin à fond
     rouge
     Pivoines et bambous
     1965
     125 × 124 cm
     Kyôto, musée national d'art moderne

18   Kimono en pongé
     Arbres et plantes
     1966
     144 × 128 cm
     Kyôto, musée national d'art moderne

19   Kimono en crêpe de soie à fond
     bleu pâle
     Bambous enneigés, pins et pruniers
     en fleurs
     1966
     163 × 134 cm
     Collection particulière

6

Les branches de pin, les fleurs de
prunier et les feuilles de bambou qui
sont les trois ornements végétaux les
plus courants au Japon, associées
symboliquement à l'élan vital, forment,
groupées, les «trois amis». Le pin
toujours vert signifie force et durée,
le bambou qui ploie sans se briser,
courage et résistance devant les
épreuves, le prunier qui fleurit au début
du printemps, grâce et puissance du
renouveau.

20   Kimono en gaze de soie pongée
     Motifs géométriques en couleurs
     1970
     Collection particulière

21   Kimono en pongé
     Motifs géométriques en forme de
     grillage
     1970
     Kurashiki, musée Ohara

22   Kimono en tissu d'abaca
     Idéogrammes chinois stylisés
     1970
     Collection particulière

Depuis les débuts, le décor de Kimono
se réfère souvent aux signes et
caractères d'écriture. Ici le motif est
formé d'idéogrammes librement
interprétés et signifiant soleil, lune,
montagne, nuage, arbre, fleur, eau,
oiseau.

23   Kimono en gaze de soie à fond bleu
     Carpes et pivoines
     1971
     166 × 134 cm
     Collection particulière

La pivoine, fleur d'été, porte les vœux
de bonheur, la carpe qui nage à
contre-courant, symbolise endurance
et courage.

24   Kimono en tissu d'abaca
     Cordes tressées
     1974 (planche II)
     163 × 134 cm
     Collection particulière

25   Kimono en pongé à fond écru
     Grains et veines de bois
     1975
     140 × 133 cm
     Collection particulière

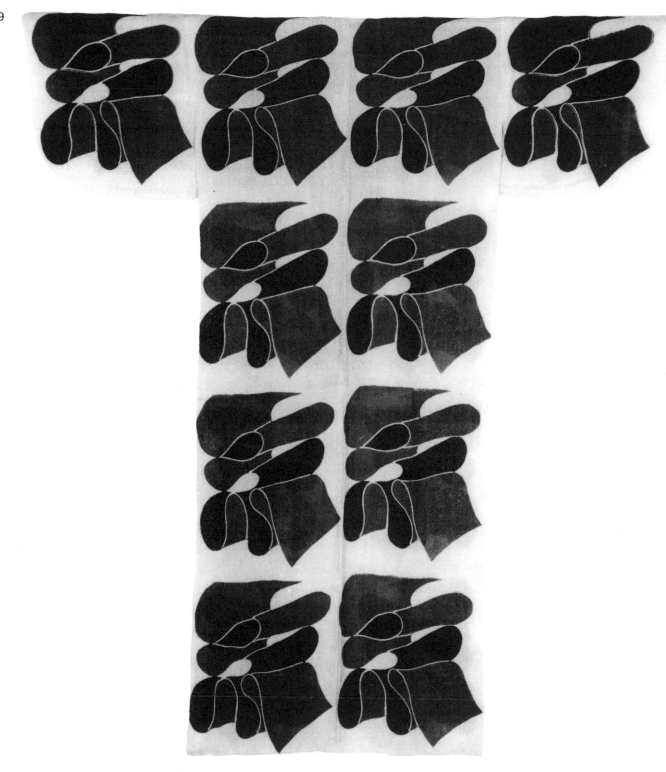

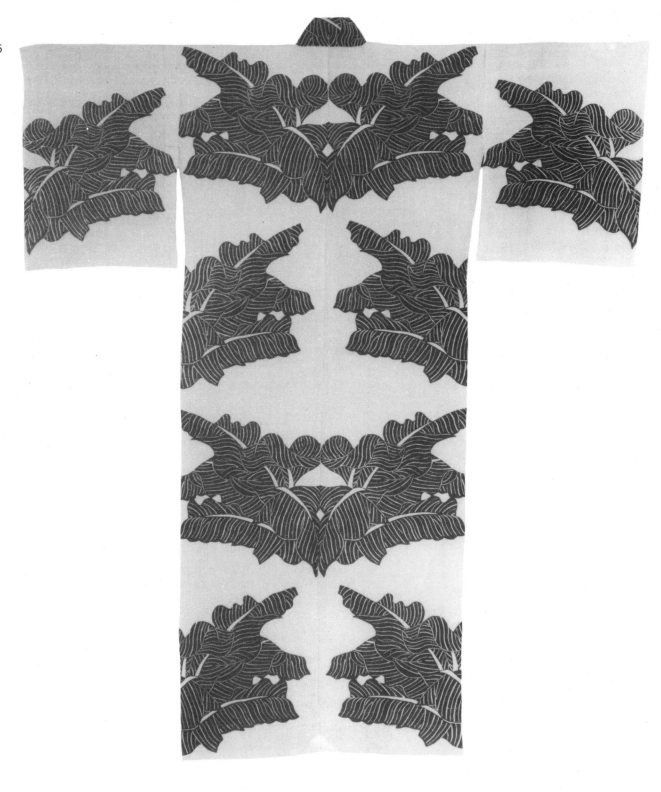

Paravents *(byôbu)*

Le paravent, d'origine chinoise, a d'abord servi dans les résidences des nobles comme moyen de protection contre le vent et comme écran à la vue. Puis son usage s'est généralisé dans les temples et dans les maisons du peuple. Par la diversité de ses formats, grands, moyens ou petits et son système pliable, il est devenu l'un des supports les plus courants de la peinture et s'adaptant le mieux au caractère souple et mobile de la demeure orientale. Il peut en effet se déplacer ou se changer selon les circonstances et selon les moments et ses thèmes correspondent aux saisons, aux fêtes, à la nature des visiteurs, etc. En appliquant aux paravents dont il varie les dimensions et le nombre de feuilles (deux, quatre, six, huit) ses procédés d'impression en couleurs et son vaste répertoire ornemental: idéogrammes chinois ou syllabaires japonais, armoiries, paysages, scènes de métiers, natures mortes de livres et d'objets familiers, Serizawa crée de magnifiques compositions d'ordre grandiose ou intime, distinctes du mode d'expression par la peinture.

26 Paravent à quatre feuilles
Légumes et fruits
1930
150 × 216 cm
Tôkyô, musée d'art populaire japonais

27 Paravent à six feuilles
Fabrication du papier à Ogawamachi
1938
64 × 216 cm
Tôkyô, musée d'art populaire japonais

De droite à gauche se déroulent les six phases de la fabrication du papier au village d'Ogawamachi, préfecture de Saïtama.

1. Cuisson, dans une grande marmite, des fagots de broussonetia, le bois tendre et léger spécialement utilisé pour le papier d'Orient.
2. Après cuisson, blanchiment du bois dans la rivière.
3. Les fibres sont broyées et assouplies sur des tables.
4. Le travail de fabrication du papier d'Ogawamachi selon le procédé nommé *tamesuki* est assuré par des femmes.
5. Les feuilles de papier superposées sont passées à la presse.
6. Elles sont enfin étendues en plein air sur des tables de séchoir.

28 Paravent à huit feuilles
Armoiries et idéogrammes du syllabaire japonais
1940 (planche V)
150 × 304 cm
Tôkyô, musée d'art populaire japonais

Première tentative pour représenter sur un paravent le syllabaire japonais

27

31

43

d'après les caractères chinois dont il est dérivé. A chacun des caractères correspond un dessin d'armoiries.

29 Paravent à quatre feuilles sur fond bleu
Scènes des quatre saisons
1954
173 × 168 cm
Collection particulière

Combinaison d'idéogrammes et de paysages stylisés évoquant de droite à gauche la succession des saisons.

30 Paravent à quatre feuilles
Vêtements de travail
1957 (planches VI-VII)
173 × 244 cm
Collection particulière

Ces vêtements de travail en paille de riz sont des protège-dos, utilisés au nord-est du Japon, dans la région du Tôhoku. Ils servent de tampons, sur les sentiers de montagnes, entre les lourdes charges et le dos des porteurs.

31 Paravent à six feuilles
Syllabaire japonais stylisé
1958
156 × 288 cm
Collection particulière

Combinaisons d'idéogrammes du syllabaire japonais de la série *hiragana* et de paysages du Japon.

32 Paravent à deux feuilles sur fond brun
Eventails
1960
168 × 176 cm
Kurashiki, musée Ohara

Les éventails de forme ronde et non pliante *(ochiwa)* ont été très répandus dans les classes populaires à partir du XVIIᵉ siècle. Ils sont composés d'une fine charpente de bambou sur laquelle s'applique une feuille de papier dont les motifs colorés (figures, paysages, idéogrammes), reflètent les mœurs et modes de l'époque.

33 Paravent à deux feuilles
Beau temps et pluie
1962
53 × 188 cm
Collection particulière

34 Paravent à six feuilles
Armoiries et syllabaire japonais
1963
182 × 320 cm
Kurashiki, musée Ohara

35 Paravent à deux feuilles
Idéogrammes des saisons
1965 (planche XII)
160 × 158 cm
Collection particulière

Les idéogrammes des saisons teints en bleu (printemps et été à droite, automne et hiver à gauche) qu'entourent des festons de fleurs, de fruits, de paysages, semblent flotter en plein ciel comme des bannières d'étoffes.

33

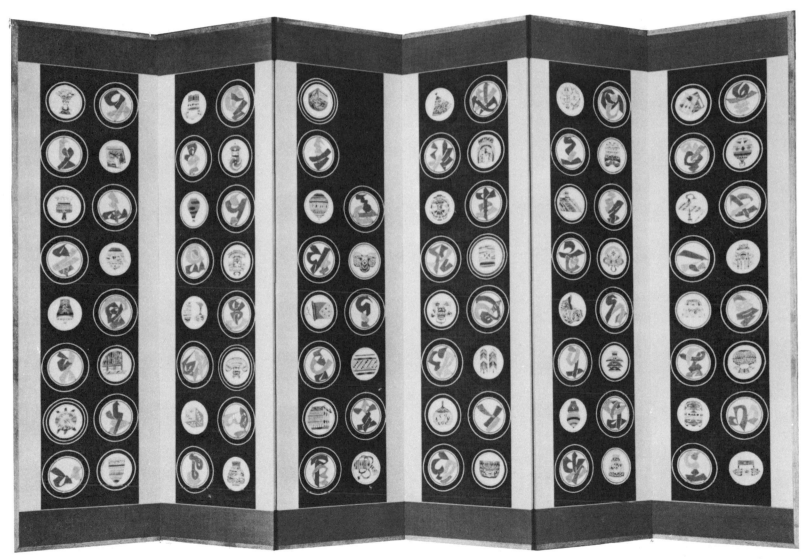

36 Paravent à deux feuilles
    Objets familiers de bureau
    1969
    80 × 172 cm
    Collection particulière

37 Paravent à deux feuilles
    Objets de la dynastie coréenne des Yi
    1969
    80 × 174 cm
    Collection particulière

38 Paravent à deux feuilles à fond noir
    Coffrets et céramique de la dynastie
    coréenne des Yi
    1970
    177 × 167 cm
    Collection particulière

39 Paravent à deux feuilles
    Livres japonais
    1970
    76 × 167 cm
    Collection particulière

    Cabinet de travail de l'artiste avec un
    choix de livres japonais dont il a réalisé
    l'illustration, la reliure ou le décor de
    couverture.

40 Paravent à deux feuilles
    Mandala des quatre saisons
    1971
    171 × 144 cm
    Collection particulière

    Autour du diagramme central sont
    inscrits dans des cercles les

idéogrammes signifiant les quatre
saisons et tout à l'extérieur les
idéogrammes signifiant les quatre
points cardinaux.

41 Paravent à six feuilles
    Variations sur le syllabaire japonais
    1973
    172 × 157 cm
    Collection particulière

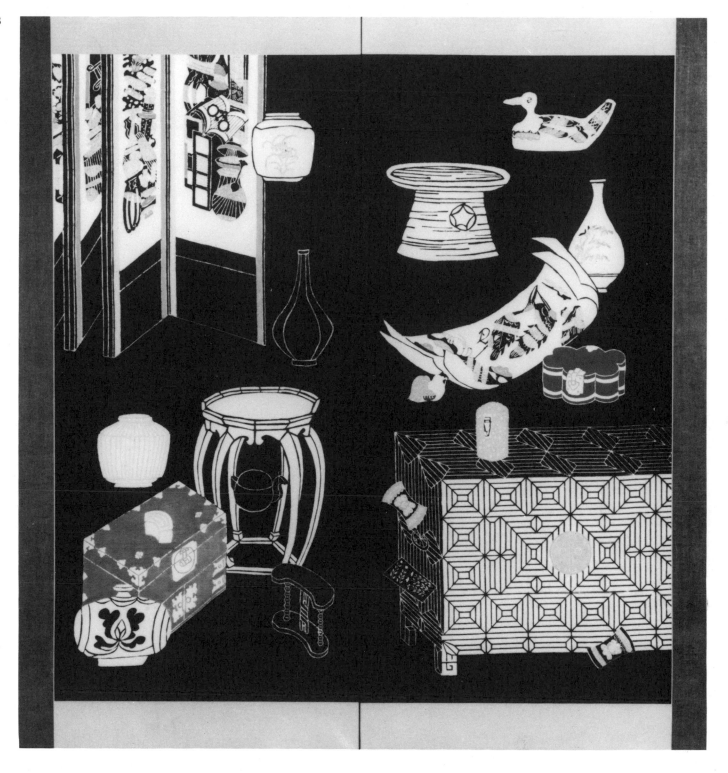

いろはにほへとち
りぬるをわかよた
れそつねならむ
うゐのおくやまは
ふこえてあさきの
めみしゑひもせす

Rideaux (noren)

Le *noren* est un rideau, composé le plus souvent de deux ou trois parties, que l'on voit apparaître au XVIe siècle et que l'on suspend au seuil des maisons pour les protéger du soleil ou de la poussière. Plus tard, ce rideau s'est raccourci pour ne pas gêner l'entrée et la sortie des gens et a constitué l'enseigne commerciale des magasins et restaurants dont il indique le nom et la spécialité. Il est aussi, comme le paravent, l'un des ornements indispensables de la demeure japonaise où il intervient pour rythmer et séparer l'espace entre les pièces. Par la liberté de ses formats et la variété de ses thèmes, il se prête à de remarquables effets décoratifs.

42 Paysage au four de potier
1953
80 × 103 cm
Collection particulière

43 Poissons et plantes inscrits dans
l'idéogramme Eau *(mizu)*
1955
120 × 80 cm
Collection particulière

44 Cordes en paille de riz
1955
108 × 108 cm
Collection particulière

45 Idéogramme Harmonie *(wa)*
1956
78 × 93 cm
Collection particulière

46 Quelqu'un est passé par ce sentier
de montagne
1959
Collection particulière

L'artiste a inscrit sur ce *noren* un
fragment d'un court poème *(tanka)* de
Shako Shôku dont le texte complet
est le suivant «La couleur fraîche des
fleurs d'amarante écrasées révèle que
quelqu'un est passé par ce sentier
de montagne».

47 Idéogramme Fleur *(hana)*
1960
124 × 87 cm
Collection particulière

48 Pivoines
1960
128 × 73 cm
Collection particulière

49 Chute d'eau sur fond bleu
1962
105 × 137 cm
Collection particulière

50 Liserons
1963
106 × 70 cm
Collection particulière

51 Bûches entassées
1965
134 × 86,5 cm
Collection particulière

52 Idéogramme Ciel *(ten)* en blanc sur
fond bleu
1965
157,5 × 90 cm
Collection particulière

53 Cigogne et tortue, pin, bambou et
prunier
1965
148 × 86 cm
Collection particulière

54 Le pin
1966
122,3 × 66,5 cm
Collection particulière

55 Paysage aux nuages
1968
116 × 71,5 cm
Collection particulière

56 Idéogramme Montagne *(yama)*
1968
138 × 172 cm
Collection particulière

57 Paysage de printemps
1969
134 × 87 cm
Collection particulière

58 Feuilles de bambou
1972
141 × 162 cm
Collection particulière

59 Idéogramme Félicité *(kotobuki)*
1974
171 × 96 cm
Collection particulière

60 Corde torse
113 × 87 cm
Collection particulière

Enveloppes de literie

61 Tissu de courtepointe *(yaguji)* à fond
    bleu
    Feuilles de pivoines et de bambou
    1935
    36 × 110 cm
    Tôkyô, musée d'art populaire japonais

62 Tissu de courtepointe à fond bleu
    Bambous et fleurs de prunier
    1953
    155 × 67 cm
    Kurashiki, musée Ohara

63 Tissu de coutil *(futon)* pongé à fond vert
    Talismans et joyau
    1957
    170 × 130 cm
    Collection particulière

Avec le joyau qui exauce les vœux sont
figurés plusieurs talismans bouddhiques,
le maillet du bonheur, la clef qui ouvre
les greniers, le manteau et le chapeau
qui rendent invisible.

64 Tissu de courtepointe en coton bleu
    Idéogrammes des saisons
    1959
    140 × 130 cm
    Collection particulière

65 Tissu de coutil à fond bleu
    Syllabaire japonais
    1961
    160 × 130 cm
    Collection particulière

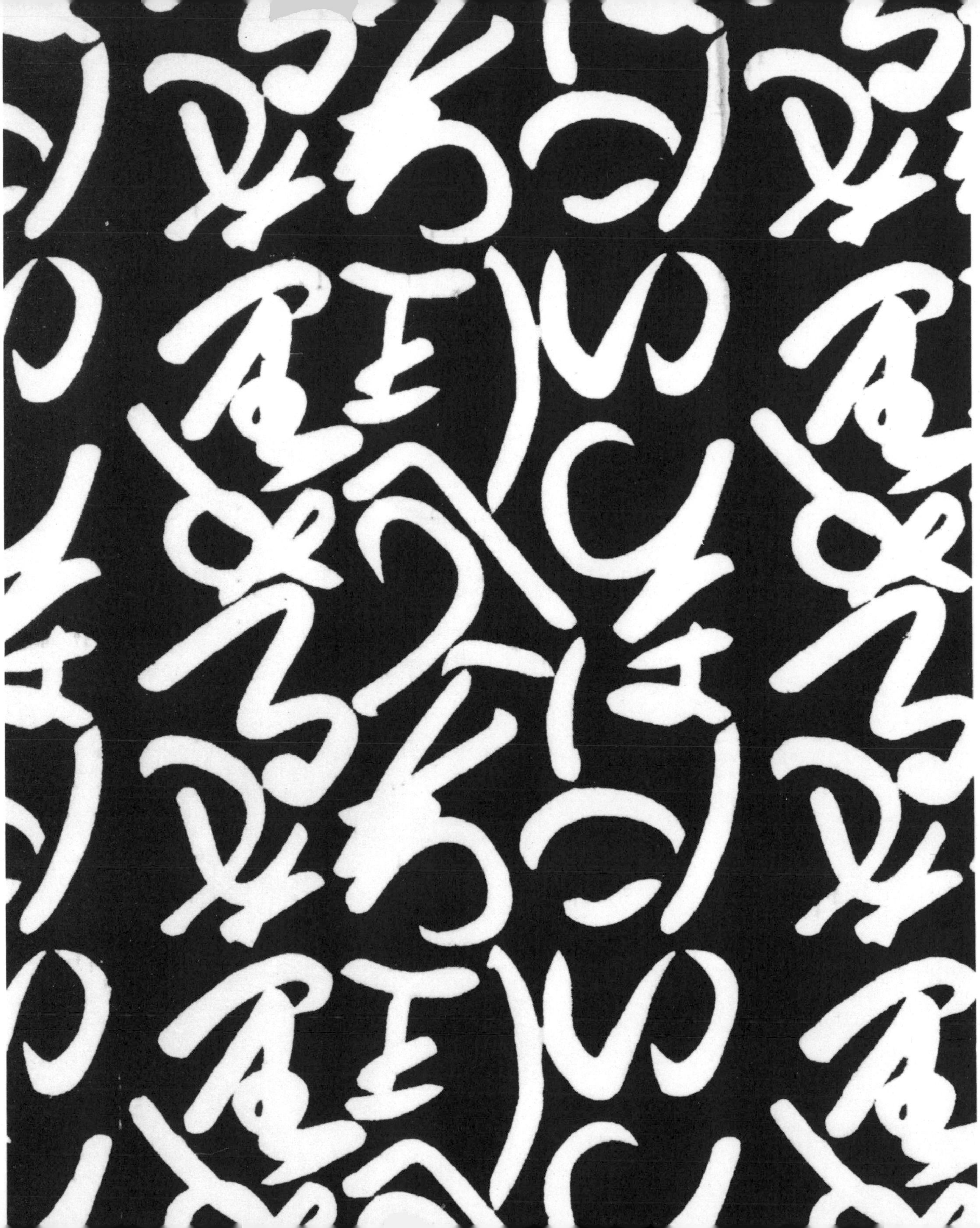

Tentures de mur et de séparation

66 Tenture murale *(kabekake)* en coton à
    fond bleu
    Décor de choux chinois
    1929
    200 × 195 cm
    Collection particulière

67 Rideau de séparation *(majikiri)* en coton
    à fond bleu
    Poteries sortant du four
    1950
    170 × 127 cm
    Collection particulière

68 Rideau en pongé sur fond brun
    Décor géométrique blanc et noir
    1951
    187 × 107 cm
    Kurashiki, musée Ohara

69 Rideau de séparation en tissu d'abaca,
    fond écru
    Saules colorés

1960
167 × 110 cm
Commission pour la protection des
biens culturels

70 Rideau de coton à fond vert véronèse
    Décor de pins
    1961
    206 × 176 cm
    Collection particulière

71 Rideau de séparation en pongé de soie
    Syllabaire japonais
    1967
    66 × 66 cm
    Collection particulière

72 Rideau de séparation en coton sur
    fond noir
    Bambous, pins et pommiers en fleurs
    1972
    210 × 145 cm
    Collection particulière

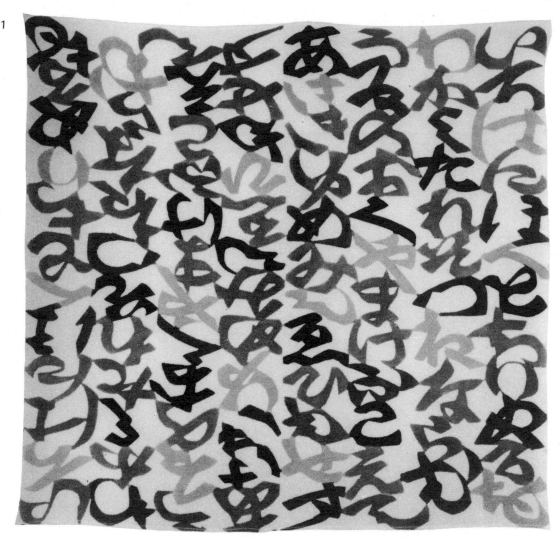

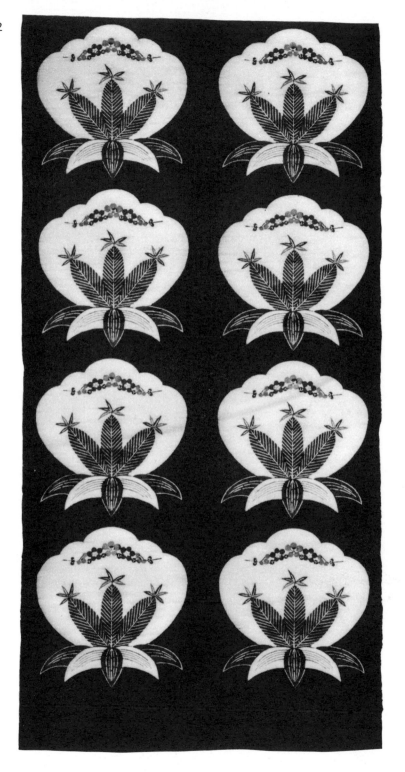

Tissus décoratifs *(kazarinuno)*

73   Pongé de soie à fond bleu
Manteau de soleil *(kera)*
1956
181 × 80 cm
Tôkyô, musée d'art populaire japonais

74   Pongé de soie à fond blanc
Manteau de pluie *(mino)*
1956
167 × 80 cm
Tôkyô, musée d'art populaire japonais

Les paysans de la région du Tôhoku
(nord-est) fabriquent eux-mêmes à la
main des manteaux légers en paille de
riz dont ils se servent pour se protéger
contre le soleil *(kera)* et contre la pluie
(mino). L'artiste a été sensible à la
beauté de ces vêtements rustiques qu'il
reproduit comme motifs ornementaux.

75   Coton à fond clair
Pois rouges et bleus
1960 (planche X)
156 × 67 cm
Tôkyô, musée d'art populaire japonais

76   Pongé de soie grège à fond ocre
Métier à tisser
1960
147 × 32 cm
Tôkyô, musée d'art populaire japonais

77   Pongé de soie grège à fond clair
Décor géométrique
1960
178 × 36 cm
Tôkyô, musée d'art populaire japonais

78   Pongé de soie à fond noir
1960
181 × 80 cm
Tôkyô, musée d'art populaire japonais

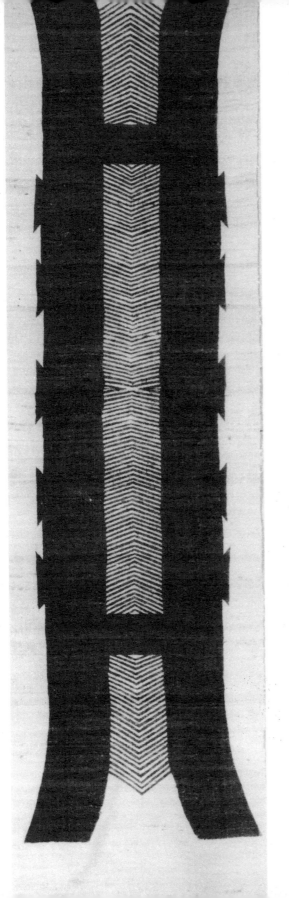

77

78

Tissus pour ceintures *(obi)* et kimonos

Le kimono qui se croise de gauche à droite est maintenu vers la taille par une ceinture nommée *obi*. Celle-ci s'est nouée d'abord sur le devant, puis en arrière. Vers le milieu du XVIIᵉ siècle, au moment même où le kimono classique simplifie son aspect et perfectionne son décor, l'*obi* pour lequel on emploie des étoffes nouvelles et des ornements spéciaux, prend une importance croissante dans le costume féminin. Les nœuds ont les formes les plus variées, droits ou en coques, certains d'entre eux étant réservés aux jeunes filles, aux femmes mariées, aux cérémonies de mariage. Un contrepoint s'établit dans le choix des tissus et la nature du décor entre le kimono lui-même et l'*obi*. Serizawa a créé des modèles pour les deux éléments.

79 Ceinture en pongé à fond brun
Branches de saules
1931
36 × 54 cm
Collection particulière

80 Ceinture en crêpe de soie à fond écru
Armoiries en motifs circulaires
1943
Collection particulière

81 Ceinture en pongé
Fabrique de papier au village d'Isaku
1948
Collection particulière

82 Ceinture en pongé à fond bleu pâle
Plantes et motifs géométriques
1948
33 × 23 cm
Collection particulière

83 Ceinture en pongé à fond écru
Cercles et armoiries
1949
37 × 10 cm
Collection particulière

84 Ceinture en coton à fond bleu
Motifs en nids d'abeilles
1951
Collection particulière

85 Ceinture en lin à fond écru
Feuilles mortes
1953
Collection particulière

86 Ceinture en pongé
Chaînes de montagnes
1954
Collection particulière

87 Ceinture en coton à fond bleu
Soleils
1955
Collection particulière

88 Ceinture en crêpe de soie
Four de potier à Tsuboya (Okinawa)
1959
Collection particulière

89 Ceinture en pongé
Feuilles rouges
1960
Collection particulière

90 Ceinture en pongé à fond rouge
Armoiries et poupées
1960
Collection particulière

91 Ceinture en crêpe de soie à fond bleu
Armoiries et poupées
1960
Collection particulière

92 Ceinture en crêpe de soie
Coffrets de la dynastie coréenne des Yi
1965
Collection particulière

93 Ceinture en pongé à fond jaune
Arbres et plantes
1966
Collection particulière

94 Ceinture en crêpe de soie
Maison de campagne au village de Tsumura (Quatre saisons de Tsumura)
1967
Collection particulière

94 bis Tissu pour kimono en abaca rayé
Feuilles de bambous
1970
Collection particulière

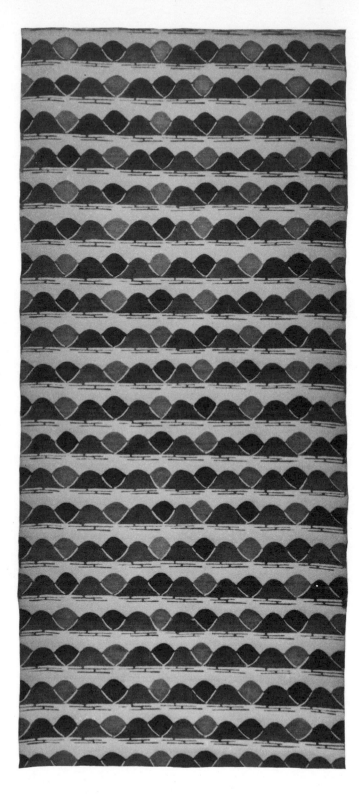

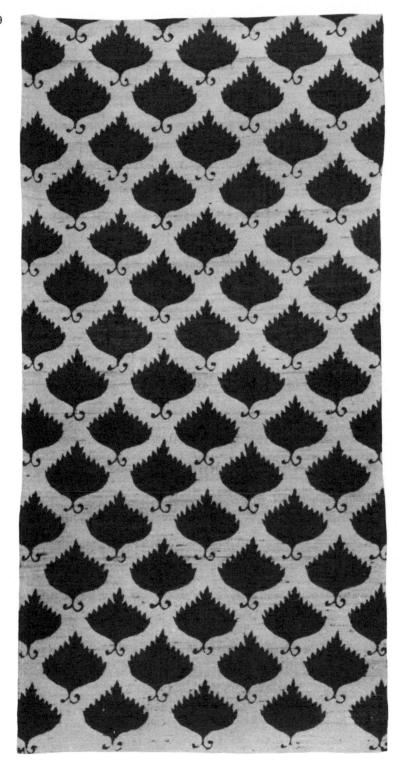

Panneaux à décor teint *(somee)*

En recourant à ses procédés personnels de teinture et d'impression, sur étoffe ou sur papier, Serizawa créé des œuvres picturales d'un genre inédit, qui peuvent s'encadrer à la manière occidentale ou animer souplement le milieu fluide et l'espace mouvant de l'architecture japonaise. Il a redonné vie en son pays à la peinture décorative en déclin. Les motifs empruntent à son répertoire familier de paysages, d'objets, de scènes de métiers ou bien découpent des idéogrammes colorés à magnifique résonance calligraphique et symbolique.

95　Paysages d'Okinawa
　　1938
　　Collection particulière

96　Trois femmes d'Okinawa
　　1939
　　54 × 37 cm
　　Collection particulière

97　Paysages d'Okinawa
　　1940
　　180 × 57 cm
　　Collection particulière

98　Trois danseuses en costumes
　　d'Okinawa
　　1940
　　Collection particulière

99　Femmes sortant les poteries du four
　　1940
　　85 × 61 cm
　　Collection particulière

100　Ragaraja
　　1947
　　140 × 60 cm
　　Collection particulière

　　Ragaraja est le nom sanscrit du dieu bouddhique de l'amour.

101　Hommage au papier japonais
　　1951
　　80 × 60 cm
　　Collection particulière

　　Quatre scènes relatives à la fabrication du papier avec pour chacune un texte d'hommage de l'artiste.

102　Métier à tisser
　　1954
　　97 × 100 cm
　　Kurashiki, musée Ohara

103　Idéogramme Félicité *(ki)*
　　1955
　　90 × 37 cm
　　Collection particulière

104　Idéogramme Vent *(kaze)*
　　1957
　　Collection particulière

105　Idéogramme Ciel *(ten)*
　　1958
　　90 × 37 cm
　　Collection particulière

106　Manteau de pluie *(mino)* en paille de riz
　　1959
　　70 × 66 cm
　　Kurashiki, musée Ohara

107　Scènes de métiers
　　1959
　　57 × 51 cm
　　Collection particulière

　　Dans le cadre d'une maison en silhouette noire sur fond blanc, quatre artisans au travail: un potier; un tisserand, un fabricant de papier et un teinturier.

108　Table et objets de la dynastie coréenne des Yi
　　1959
　　70 × 60 cm
　　Collection particulière

109　Table et objets japonais
　　1960
　　59 × 59 cm
　　Collection particulière

110　Idéogramme Obéissance *(nyo)*
　　1960
　　90 × 37 cm
　　Collection particulière

111　Idéogramme Foi *(shin)*
　　1960
　　90 × 37 cm
　　Collection particulière

112 Idéogramme Vérité *(shin)*
     1960
     90 × 37 cm
     Collection particulière

113 Objets familiers
     1960
     40 × 74 cm
     Collection particulière

114 Idéogramme Bonheur *(fuku)*
     1960
     72 × 59 cm
     Collection particulière

115 Idéogramme Homme *(Hito)*
     1964
     30 × 70 cm
     Collection particulière

116 Motifs géométriques
     1966 (planche IX)
     76 × 60 cm
     Collection particulière

117 Souvenirs d'Europe
     1966
     104 × 44 cm
     Collection particulière

99

Kakemonos

Par opposition à l'*é-makimono* qui se déroule horizontalement et présente une succession d'images liées entre elles, le *kakemono* se suspend verticalement et ne comporte qu'un seul motif. C'est une peinture ou une calligraphie montée en rouleau que l'on expose sur le mur du *tokonoma*, l'alcôve d'honneur de la maison japonaise et que l'on renouvelle selon les circonstances et les saisons. Les sujets peuvent être profanes ou religieux et le support d'étoffe ou de papier.

118 Maître-tourneur au travail et femme
en costume d'Okinawa
1933
Collection particulière

119 Les quatre saisons à Shizuoka:
Neige au mont Ryuso
1933
140 × 95 cm
Tôkyô, musée d'art populaire japonais

120 Les quatre saisons à Shizuoka:
Digues aux cerisiers en fleurs
1933
140 × 95 cm
Tôkyô, musée d'art populaire japonais

121 Pins, bambous, pruniers
1937
77 × 142 cm
Collection particulière

122 Fours de potier à Mashiko
1937 (planche XI)
154 × 54 cm
Collection particulière

123 Carte des îles Okinawa
1939
133 × 110 cm
Tôkyô, musée d'art populaire japonais

124 Grand marché de Naha
1940
63 × 80 cm
Tôkyô, musée d'art populaire japonais

125 Fête des poupées
1949
181 × 57 cm
Tôkyô, musée d'art populaire japonais

126 Moine bouddhique
1942
Tôkyô, musée d'art populaire japonais

127 Portrait du moine Hônen
1942
Tôkyô, musée d'art populaire japonais

Le moine Hônen (1133-1212), debout sur des fleurs de lotus, est le fondateur de la secte bouddhique de la Terre Pure *(Jôdo-shû)*, avec laquelle l'artiste a des liens étroits.

128 Nirvâna
1947 (planche IV)
120 × 40 cm
Collection particulière

Le nirvâna, dans le bouddhisme, est la phase suprême de la contemplation, effacement de la souffrance et accès à la sérénité.

129 Statue de Kannon
1947 (planche VIII)
40 × 20 cm
Collection particulière

Bodhisattva de la compassion, Kannon est l'objet d'un culte extrêmement populaire dans le bouddhisme japonais et joue un rôle important dans la secte *Jôdo-shû*. Sujet à de multiples incarnations, il est ici figuré sous la forme d'une jeune fille à la longue chevelure et aux vêtements à fleurs, portant un panier.

121

Peintures sur verre

Céramiques

La céramique est au Japon la forme d'art la plus familière, aux traditions les plus anciennes et les mieux préservées. De nombreux amateurs s'initient aux gestes millénaires du potier et il existe un public fort averti des procédés et matériaux. Deux des camarades de Serizawa associés avec lui au mouvement de résurrection de l'art populaire sont de célèbres potiers, Hamada et Kawaï. Serizawa, qui choisit souvent les fours de potiers comme motifs de ses dessins, s'est aussi laissé tenter par la céramique et en particulier par la technique de peinture en couleurs sur porcelaine dite *aka-e.* Le mot signifie couleur rouge mais les émaux fixés sur la surface blanche, après seconde cuisson, peuvent être d'un autre ton brillant, vert, bleu, jaune.

140 Boîte à encens *(kôgo)* carrée avec motif de citrons
1939
4 × 3,5 × 3,5 cm
Collection particulière

141 Boîte à encens carrée avec motif de fleurs
1939
5 × 5 × 5 cm
Collection particulière

142 Boîte à encens ronde avec motif de fleurs
1939
4 × 3,5 cm
Collection particulière

143 Boîte à encens carrée avec motif de petite fille
1940
4 × 3,5 × 3,5
Collection particulière

144 Boîte à encens carrée avec motif de rouleaux de fils
1941
4 × 3,8 × 3,4 cm
Collection particulière

145 Bol avec motifs en couleurs d'arabesques *(aka-e)*
1941
15 × 8,5 cm
Collection particulière

146 Coupe avec motifs en couleurs de saules *(aka-e)*
1941
18 × 5 cm
Collection particulière

147 Coupe aux motifs en couleurs de pivoine *(aka-e)*
1941
14 × 3,5 cm
Collection particulière

145

141

143

144

146

Dessins de couverture et de reliure

Avant d'entreprendre l'illustration complète d'un livre, Serizawa a commencé par dessiner des couvertures de livres et de revues, par créer des reliures et des étuis. Lorsque Sôetsu Yanagi fonde en 1931 la revue « Art Décoratif » (Kôgei), il confie à son ami Serizawa dont il a reconnu les dons la charge d'en réaliser la couverture durant une année. Celui-ci dessine en blanc les caractères du titre sur un tissu bleu et sa composition d'une étonnante fraîcheur fait sensation. Depuis lors, il a conçu la présentation (sotei) de trois cents livres ou revues en réglant non seulement la disposition calligraphique des lettres ou bien celle des motifs, mais encore en choisissant avec soin la nature et la couleur des papiers ou des tissus en harmonie avec le texte.

159

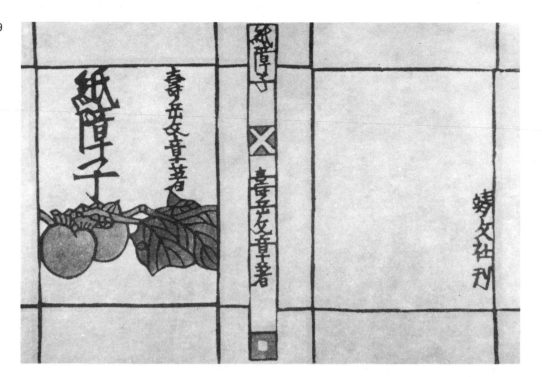

162

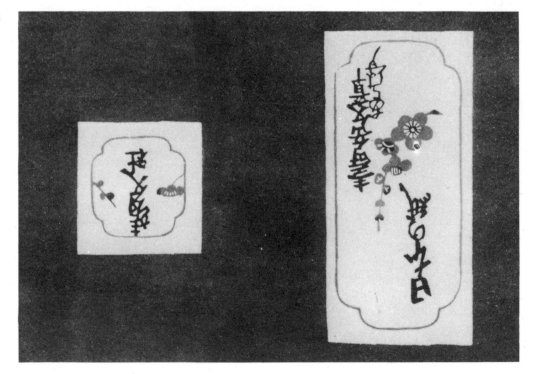

167 Essais: Point du Jour
1947
Auteur: Izuru Shinmura
Editeur: Oyashima-shuppan

168 Expérience de ma famille
1948
Editeur: Iyenohikari Kyokai

169 Papier japonais teinté
1948
Auteur: Zenzo Oikawa
Editeur: Libraire «Kôgei»

170 Osaka et Dialecte
1948
Auteur: Kyubei Inukai
Editeur: Umeda Shoten

171 A propos des Dieux
1948
Auteur: Sôetsu Yanagi
Editeur: Nishimura-shoten

172 Essais sur le papier japonais
1948
Auteur: Tokutaro Hamada
Editeur: Seibun-sha

173 Editions à tirage limité
1952
Auteur: Seijiro Komai
Editeur: Shomotsu Tembo-sha

174 «Kokeshi» poupée; artisan et climat
1954
Auteur: Sôetsu Yanagi
Editeur: Tsukiji-shokan

175 Essais sur la collection
1956
Auteur: Sôetsu Yanagi
Editeur: Chuokoron-sha

176 Œuvres complètes
1956
Auteur: Haruo Sato
Editeur: Kawade-shobo

177 Quarante ans d'artisanat
1958
Auteur: Sôetsu Yanagi
Editeur: Hobun-kan

178 Catalogue d'éditions rares
1959
Editeur: Aishoka Salon

179 «Papa», roman
1959
Auteur: Shugoro Yamamoto
Editeur: Kodansha

180 Catalogue des tableaux «Otsué»
1960
Auteur: Sôetsu Yanagi
Editeur: Sansai-sha

181 Loi et Beauté
1961
Auteur: Sôetsu Yanagi
Editeur: Musée d'art folklorique
japonais

182 Venu du Paradis
1961
Auteur: Haruo Sato
Editeur: Kodansha

183 Histoires de gens braves
1962
Auteur: Chogoro Kaionji
Editeur: Shincho-sha

184 Le Mont Hakone
1962
Auteur: Bunroku Shishi
Editeur: Shincho-sha

185 Voie du possible et de l'impossible
1963
Auteur: Bunroku Shishi
Editeur: Shincho-sha

186 Cinquante ans de papeterie
1964
Auteur: Eishiro Abe
Editeur: Toho Shuppan

187 Rivière de Kyôto
1965
Auteur: Tsutomu Minakami
Editeur: Shincho-sha

188 «Shih san mei»
1966
Auteur: Taijun Takeda
Editeur: Journal Asahi

189 «Gentaro Aku», roman
1967
Auteur: Matsutaro Kawaguchi
Editeur: Shincho-sha

190 «Teinture et couleur», roman
1967
Auteur: Yoshiko Shibaki
Editeur: Chuo Koron-sha

191 Pays de courtoisie
1968
Auteur: Keiichiro Ishino
Editeur: Journal Asahi

192 Documentation sur la vie populaire
1970
Auteur: Shichiro Fukazawa
Editeur: Shincho-sha

193 Promenade à travers l'artisanat
1970
Auteur: Kichinosuke Tonomura
Editeur: Journal Asahi

163

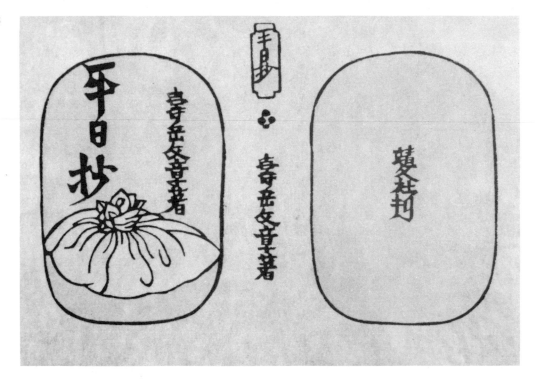

165

175

185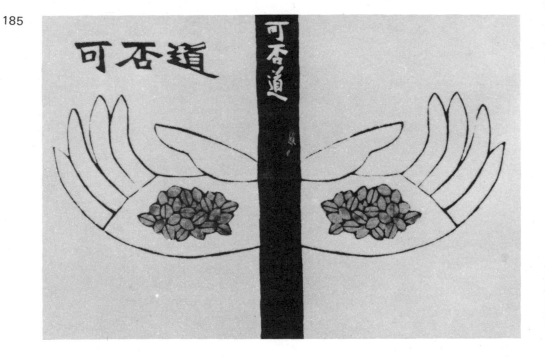

184

箱根山 獅子矢介

箱根山

191

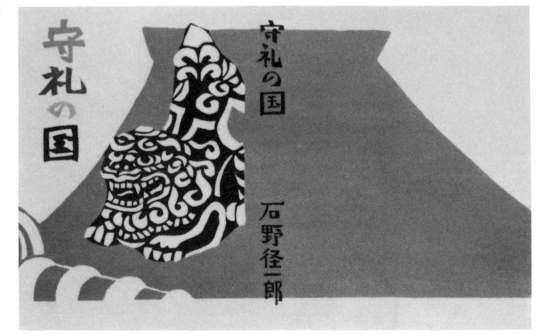

守礼の国 石野径一郎

守礼の国

Editions illustrées

C'est en 1936 que Serizawa compose son premier livre d'images en illustrant justement les procédés de teinture japonaise *(Wazome egatari)*. La même année il transpose *à la japonaise* les paysages, événements et personnages du chef-d'œuvre de Cervantès, *Don Quichotte*. En 1941 il atteint sa maîtrise technique dans ce domaine en illustrant *La vie du moine Hônen*, fondateur de la secte amidiste

à laquelle il appartient. Parmi la trentaine de livres illustrés réalisés jusqu'ici, certains sont de simples recueils d'images groupées sur des thèmes se rapportant souvent aux métiers, d'autres des illustrations pour des ouvrages littéraires, poèmes ou romans. Ce sont les versions modernes des livres illustrés traditionnels du Moyen Age au Japon, dans le style aux couleurs rouges et vertes nommé *tanroku-e*.

204 Livre d'images sur la teinture
japonaise
1936
Editeur: Edition particulière

205 Don Quichotte
1936
Editeur: Kojitsuan

206 Outils et instruments des artisans
1938
Editeur: Edition particulière

207 La vie illustrée du moine Hônen
1941
Editeur: Association d'art populaire
japonais

208 Artisans du four
1943
Editeur: Edition particulière

209 Imitation des *aka-e*
1943
Editeur: Edition particulière

210 Papier teint au pochoir
1943
Editeur: Edition particulière

211 Tour des fours au Tôhoku
1943
Editeur: Edition particulière

212 Paysages d'Okinawa
1948
Editeur: Edition particulière

213 Artisans du papier
1950
Editeur: Edition particulière

214 Poèmes de Sôetsu Yanagi
1951
Editeur: Edition particulière

215 Images au pochoir
1954-1961
Editeur: Moégi

216 Fiches de la bibliothèque Nakamura
1956
Editeur: Taro Moriguchi

217 Recueil des étiquettes de teinture
au pochoir
1960
Editeur: Moégi

218 Illustrations de «Venu du Paradis»
1961
Editeur: Gohachi

219 Images au pochoir
1964
Editeur: Gohachi

220 Livre d'images au pochoir, en cinq
volumes
1964-1966
Editeur: Gohachi

221 Révolte de la Culture
1967
Editeur: Gohachi

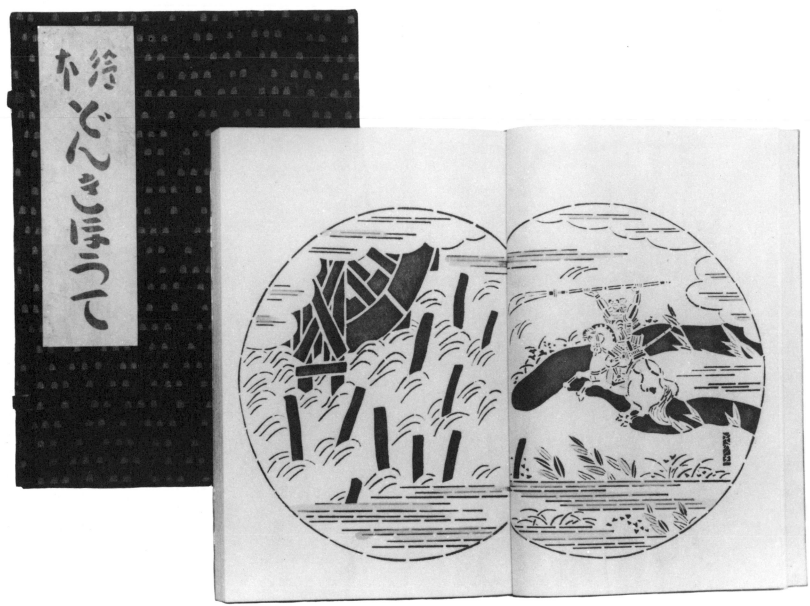

218

218

218

わが身のとのとそは

218

定明故郷を捨つ

遠忍上人源空像

222

Carnets d'esquisses et de croquis

233

233

Notes biographiques

1895

Deuxième fils de Kakujirô Ôishi, marchand de tissus de kimono, Keisuke Serizawa naît le 13 mai à Shizuoka dans la région centrale du Honshû.

1908

Il entre au Lycée départemental de Shizuoka et rêve de passer le concours d'entrée à l'Ecole des Beaux Arts de Tôkyô.

1912

Ses études terminées au lycée, il vient à Tôkyô chez son oncle qui dirige un atelier de maroquinerie. Ayant appris par un de ses amis l'existence de la section de dessin au Lycée supérieur de technologie de Tôkyô, il prépare cette école malgré l'opposition de son oncle, tout en fréquentant une Académie de peinture occidentale.

1913

Admis au concours du Lycée supérieur de technologie de Tôkyô, il s'inscrit à la section de dessin et se spécialise en dessin imprimé. Il lit passionnément la revue littéraire et artistique de l'époque, *Shirakaba*, et y découvre les meilleurs peintres japonais de style occidental, tels que Ryûzaburô Umehara, Sôtarô Yasui, Ryûseì Kishida, et Kazumasa Nakagawa. C'est en cette année qu'il découvre également les grands maîtres potiers tels que Kenkichi Tomimoto et l'anglais Bernard Leach.

1916

A la fin de ses études, il rentre à Shizuoka, où il s'inscrit à un groupe régional des artistes pour présenter ses œuvres de peinture à l'huile et ses dessins.

1917

Il se marie avec Tayo Serizawa, domiciliée à Shizuoka. Il fonde avec ses amis une société de dessins décoratifs dont il assure lui-même la publicité en distribuant les prospectus dans les rues et en obtenant de la sorte des commandes diverses. Il invente et fabrique aussi des jouets en bois. Il obtient un poste au laboratoire industriel départemental de Shizuoka où il dirige des recherches sur les dessins décoratifs pour les laques, la teinture et la menuiserie.

1919

Il commence à collectionner les peintures votives.

1921

Lauréat du concours d'affiches organisé par le Centre départemental pour le développement de l'industrie et du commerce d'Osaka, il est nommé membre de ce centre pour faire des recherches et études de dessins de conception japonaise ou occidentale. Par ailleurs, il obtient de nombreux prix et notamment celui du concours organisé par le journal Asahi.

1922

Il quitte son travail d'Osaka et regagne Shizuoka.
Il se promène beaucoup dans la région pour dessiner la flore du pays. Il réunit les jeunes filles des environs pour leur donner ses dessins à partir desquels il leur fait faire de la teinture, de la broderie, du tricot, ou de la bonnetterie. Le groupe prend le nom de *Konohanakai* (fleurs d'arbres) et les œuvres présentées à une exposition organisée à l'échelle nationale par la Maison d'Editions Shufu no Tomo (Amis des ménagères) obtiennent des prix.

1923

Emu par le mouvement d'art paysan promu par Kanae Yamamoto, il rend visite à l'Institut de recherches sur l'art paysan qui se trouvait dans la ville d'Ueda, au département de Nagano, dans le centre du Honshû.

1925

Il visite le Musée d'art national de la Corée à Séoul et se rend également au Temple Bukkoku-ji à Kyongju.
A bord du paquebot qui le ramène au Japon, il lit un article de Sôetsu Yanagi, intitulé «Voie des arts décoratifs», dans la revue «Daichôwa» (Grande Harmonie) et en est fortement impressionné. Cette lecture du pionnier et théoricien de l'art populaire décide de sa voie et marque un tournant décisif dans sa vie.

1926

Il reçoit la visite de Sôetsu Yanagi, conduit par Hyô Takabayashi, qui apprécie beaucoup sa collection d'ex-votos.

1927

Il reçoit à nouveau la visite de Sôetsu Yanagi, ainsi que celle des potiers Kanjirô Kawai et Shôji Hamada, auxquels il montre sa propre collection de céramiques.

1928

Il se charge de l'organisation de l'exposition de la Fédération des coopératives d'industrie du thé du département de Shizuoka dans le cadre de l'Exposition pour la promotion de l'industrie nationale organisée en commémoration de l'intronisation de l'Empereur Hirohito, dans le Parc d'Ueno à Tôkyô.

Il découvre au Pavillon de l'art populaire japonais de cette Exposition les articles d'Okinawa et se sent spécialement attiré par la *bingata* (teinture en couleurs au pochoir, spécialité d'Okinawa). Il est de plus en plus intéressé par cet art après avoir visité les expositions qui se succèdent en cours d'année.
Il fait l'apprentissage de la teinture traditionnelle au pochoir dans les ateliers de teinture du département de Shizuoka.
Il rend visite à Sôetsu Yanagi dans le quartier de Kamigamo à Kyôto et il est impressionné par l'importance et la qualité de sa collection d'art populaire.

1929

Il est invité à présenter les peintures votives, les poteries et les objets de teinture de sa collection à l'Exposition de l'art populaire japonais organisée au Hall Daimai de Kyôto.
Il montre au Salon du *Kokuga-kai* sa première œuvre «Tenture à fond bleu aux motifs de choux chinois» et obtient un prix.

1930

Il expose au Salon du *Kokuga-kai* dix œuvres qui lui valent le prix d'encouragement et la recommandation pour être membre associé de ce groupement.

1931

A la fondation de la revue *Kôgei* (art décoratif) il est chargé des dessins de la couverture pour un an, ce qui constitue son début dans le domaine de la présentation (*sôtei*) de livres et revues.
Il voyage dans le nord-est du pays et y découvre, en particulier dans la ville de Hachinole, les ex-votos de *Tôemon* et les poteries du four *Kuji*.

1932

Attire l'attention des milieux artistiques en présentant au Salon du *Kokuga-kai* ses œuvres de reliure et de couverture de revue.
Devient membre à part entière du *Kokuga-kai*.

Présente à la première exposition du nouvel art populaire organisée au Hall Daimai de Kyôto son rouleau de peinture des *Fables d'Esope*. Un numéro spécial de *Kôgei* (n° 24) lui est consacré, qui comporte en frontispice un collage en tissu.

1933

Voyage en Mandchourie et en Corée.
Organise une exposition à Daïren (Moukden).
Organise une exposition à Kurashiki sous le patronage de l'Association culturelle de cette ville. Il y fait la connaissance du collectionneur et mécène Magosaburô Ôhara. Il dessine les tentures de Kurashiki et les tapis en roseau qu'il expose au Salon du *Kokuga-kai*.
Le potier Kenkichi Tomimoto accompagné de sa femme vient à Shizuoka et collabore avec lui sur la teinture.
Réalise la couverture au pochoir pour *Chants d'expérience* de William Blake traduit par Bunsho Jugaku.

1934

Vient s'installer à Kamatachô, dans l'arrondissement de Kamata, à Tôkyô.
Voyage dans l'île de Shikoku avec Sôetsu Yanagi pour collectionner les objets d'art populaire de la région.
Réalise cent trente petits dessins (komae) pour la revue *Kôgei*, n° 47 (numéro spécial sur l'exposition de l'art populaire moderne ouverte au grand magasin Takashimaya). Exposition à la galerie Takumi de Tôkyô.
Réalise les reliures pour «Bernard Leach», «Œuvres choisies de Yasunari Kawabata» et «Beauté et art décoratif» (Bi to Kôgei).

1935

Participe au plan d'aménagement du Musée d'art populaire japonais à Tôkyô.
Réalise le costume de danse de Shôtarô Hanayagi, à la demande de Magosaburô Ôhara.
Nommé commissaire à l'Institut de recherches sur le papier du département de Saitama, qui se trouve dans la ville d'Ogawa. Y dirige la production de dessins pour la teinture. C'est en cette année que s'est fixée la technique de teinture au pochoir.
Réalise les reliures pour *Chants d'ignorance* de William Blake et «Essai sur les beaux arts - et les arts décoratifs» de Sôetsu Yanagi.
Expose au Salon de *Kokuga-kai* un grand paravent: «Métier à tisser».

1936

Inauguration du Musée d'art populaire japonais à Tôkyô.
Publication de son premier livre d'illustrations au pochoir sur «la teinture japonaise» (Wazome emonogatari).

1937

Publication par la Maison d'éditions Kôjitsu-an du grand livre illustré: *Don Quichotte*. Nombreux autres livres illustrés selon le même procédé d'impression.

Réalise la reliure pour *Pays de neige* (Yukiguni) de Yasunari Kawabata.

1938

Voyage aux îles Okinawa avec Sôetsu Yanagi et autres amis du *Mingei* (l'art populaire) et séjour à Naha. Chacun mène des recherches dans le domaine de sa spécialité.

Apprend la teinture en couleurs *(bingata)* d'après l'artisan de *Katatsuke-ya* (maître d'art au pochoir) de la ville de Naha.

Dessine beaucoup les paysages de la région.

De retour à Tôkyô, essaie la peinture en couleurs *(akae)* sur les céramiques non cuites qu'il fait venir d'Okinawa. Réalise également de nombreuses œuvres en teinture d'après les paysages de cette région.

Expose ces œuvres à l'exposition d'Okinawa au grand magasin Takashimaya.

1939

Première exposition personnelle au grand magasin *Hankyû* d'Osaka, avec les œuvres d'Okinawa, dont le paravent en huit feuilles aux motifs d'armoiries et de syllabaire japonais *(Marumon iroha byôbu)*. Révèle ses poteries en couleurs *(akae)*.

1940

Deuxième exposition personnelle au grand magasin *Hankyû* d'Osaka, où il montre «Hônen-shônin Miei» (Portrait du moine Hônen).

Voyage dans la région nord-est du pays avec Yanagi pour y collectionner des œuvres d'art populaire et en promouvoir la création.

Publication d'un numéro spécial sur Serizawa dans la revue *Mingei* (numéro de janvier).

1941

Réalise «La vie illustrée du moine Hônen» (Hônen shônin eden) à la demande de Tatsuhiko Ogawa.

1942

Voyage dans la région nord-est du pays avec Yanagi. Dirige la production des articles en écorce de cerisier à Kakunodate.

1943

Troisième exposition personnelle au grand magasin *Hankyû* d'Osaka.

1945

Son atelier et sa maison de Tôkyô sont détruits sous les bombardements américains. Dessine le calendrier teint au pochoir à l'initiative de Shôzô Yamamoto. (Le calendrier est toujours publié chaque année.)

1946

Fonde le groupe *moegi-kai* (bourgeon) et ouvre à Tôkyô sa première exposition au grand magasin Mitsukoshi. Reçoit une première commande d'illustrations pour une revue et exécute des reliures pour les livres.

1947

Organise la vente par souscription de ses œuvres pour la reconstruction de l'atelier.

Réalise la première série des «Paysages d'Okinawa».

1948

Organise chez lui des cours de teinture.

Crée des affiches et des cartes par teinture au pochoir.

Réalise les reliures pour *Le Japon de l'œuvre manuelle* (Teshigoto no nihon) et *A propos des dieux* (Kami ni tsuite).

1949

Nommé Professeur à l'Université féminine des Beaux Arts de Tôkyô.

1951

Après avoir déménagé sept fois depuis la fin de la guerre, revient s'installer à Kamata.

1952

Nommé Professeur au Collège féminin départemental de Shizuoka. Reprend le travail du groupe *Konohana-kai*.

1954

Voyage dans la région *San-in* au sud-ouest du pays, face à la mer du Japon et y recueille des objets d'art populaire qui lui sont aussi des motifs d'inspiration.

Organise la première exposition du groupe *Konohana-kai* au grand magasin Takashimaya (cette manifestation continue encore d'avoir lieu tous les ans).

1955

Organise avec ses amis les potiers Kawai et Hamada une présentation à trois, dans le cadre de l'exposition du Musée d'art populaire japonais ouverte au grand magasin Daimaru de Tôkyô.

Inaugure son nouvel atelier et fonde le Laboratoire Serizawa de recherches pour la teinture sur papier, société anonyme à responsabilité limitée.

1956

Désigné par l'Etat comme *trésor national vivant*.
Réalise les reliures pour «Essais sur la collection» (Shûshû mono-gatari), «Vieilles poteries de Tamba» (Tamba no kotô), et «Œuvres complètes de l'écrivain Haruo Sato».

1957

Exposition au Journal *Okinawa Times*, sur l'invitation de la Fédération artistique internationale d'Okinawa.
Installe un atelier dans une ferme louée au village de Tsu-mura à Kamakura. Y mène une vie solitaire.

1958

Etablit le plan d'aménagement et de décoration pour le pavillon d'art décoratif du Musée Ohara de Kurashiki. (Ce travail se poursuit sur plusieurs années, en trois tranches.)

1959

Réalise un paravent en six feuilles aux motifs du syllabaire japonais *(iroha)*.

1960

Organise une exposition à la Galerie Chûô-garô de Ginza, Tôkyô.
Réalise l'illustration du roman-feuilleton de Haruo Sato «Venu du Para-dis» (Gokuraku kara kita) publié dans le journal *Asahi* (édition du soir).

1961

Inauguration du Pavillon de porcelaines et de faïences du Musée Ôhara. La revue *Mingei* consacre son numéro du mois d'avril à ses panneaux teints.
Mort de Sôetsu Yanagi. Abîmé dans la tristesse, il prépare les funé-railles avec ses amis du *Mingei*.

1963

Inauguration du pavillon Munakata et du pavillon Serizawa au Musée Ohara, à Kurashiki. Assiste au vernissage, avec beaucoup d'émotion.

1964

Réalise l'illustration du roman-feuilleton de Haruo Sato «Révolte de la culture» (Bunka no Hangyaku) publié dans le journal *Geisei Shimbun*.

1965

Réalise l'illustration du roman-feuilleton de Taijun Takeda *Shih san mei* publié dans le journal *Asahi* (édition du soir).
Présente sa collection et ses œuvres, ainsi que son atelier à l'Exposi-tion Atelier ouverte à la galerie Shiseidô.

1966

Voyage en Europe et au Proche-Orient. Visite notamment le Musée d'art catalan à Barcelone.
Se voit décerner la médaille du *cordon pourpre* (Shiju hôchô).

1967

Publie chez *Tsukiji-Shokan*, le premier tome des «Œuvres choisies par auteur».
Publie chez *Sanichi-Shobô* le recueil «Teinture au pochoir» (Katae-zome).
Publie chez *Gohachi* la série de livres illustrés à la teinture.
Illustre le roman «Pays de courtoisie» (Shurei no kuni) de Keiichirô Ishino publié dans la revue hebdomadaire «Asahi Journal».
Devient citoyen honoraire de la ville de Shizuoka.

1968

Compose le carton pour le rideau du Festival Hall d'Osaka, intitulé *Owatari*. La Société de tissage Kawashima-Orimono en réalise le tissage.
Réalise deux panneaux pour décorer la salle *Rensui* du nouveau Palais Impérial.
Voyage à Naha pour préparer l'exposition Okinawa au grand magasin Mitsukoshi et y sélectionner les œuvres de *bingata*.
Publie le deuxième tome des «Œuvres choisies par auteur».
Est invité au Colloque d'été de l'Université d'Etat de San Diego, aux U.S.A.
Organise des expositions à San Diego, à Los Angeles, et à Vancouver au Canada.

1969

Organise une exposition de son œuvre au grand magasin Tanakaya dans la ville de Shizuoka, à l'occasion du 80ᵉ anniversaire de la fondation de cette ville.
Publie en juillet chez Kyûryû-dô «Carnet de notes de Keisuke Serizawa».

1970

Inauguration du Pavillon Oriental du Musée Ohara.
Participe à l'exposition des trois grands maîtres (Shôji Hamada, Shikô Munakata, et Keisuke Serizawa) ouverte au grand magasin Daimaru d'Osaka.
Promu officier du trésor sacré.

1971

Participe à l'exposition des trois grands maîtres organisée par le journal *Okinawa Times*.

Organise une exposition de peinture sur verre au grand magasin Matsuya de Ginza, Tôkyô.
Une exposition de sa collection s'ouvre au Musée d'art populaire japonais.
Réalise le Paravent *Mandala des quatre saisons* offert par le groupe *Konohana-kai* au Hall commémoratif Kennedy.
Participe à l'exposition des quatre grands maîtres (Hamada potier, Munakata graveur, Serizawa et Tatsuaki Kuroda maître-laqueur).

1972
Organise une exposition de peinture sur verre au grand magasin Hankyû d'Osaka.
Durant un séjour à Paris, réalise la décoration du restaurant «Jun», près des Champs-Elysées et envisage avec le Conservateur en chef, Jean Leymarie, la possibilité d'une exposition au Musée national d'art moderne.

1973
Organise l'Exposition «Keisuke Serizawa, homme et œuvres» au grand magasin Hankyû d'Osaka sous le patronage du journal *Asahi*.
Publie «les petits ex-votos de *Tsumura*» chez Gohachi.

1974
Compose les dessins de grands rideaux pour la nef de la maison mère de la secte bouddhique Jôdo-shî à Kyôto, à l'occasion du huitième centenaire de la secte, et se charge de leur réalisation.
Organise l'exposition «Cinquante années de Keisuke Serizawa - œuvres et objets quotidiens.

1975
Organise l'exposition de peinture sur verre au Kogensha de Morioka.

1976
Publie chez Kyûryûdo «Carnet de petits tableaux» (Itae no hikae).
Organise l'exposition de peinture sur verre au grand magasin Temmaya d'Okayama.

Table des matières